LE POUVOIR DE L'AMOUR,

BALLET,

REPRÉSENTÉ POUR LA PREMIERE FOIS,

PAR L'ACADEMIE ROYALE DE MUSIQUE,

Le mardi vingt-troisiéme jour d'avril 1743.

DE L'IMPRIMERIE
De JEAN-BAPTISTE-CHRISTOPHE BALLARD,
seul imprimeur du roi, & de l'académie royale de musique.

A PARIS, au Mont-Parnasse, rue S. Jean-de-Beauvais.

M. DCC XLIII.

AVEC PRIVILEGE DU ROI.

LE PRIX EST DE XXX SOLS.

AVERTISSEMENT.

SUJET DU PROLOGUE.

PROMÉTHÉE anime les Hommes avec le feu céleste. Jupiter, pour le punir dans son propre ouvrage, ordonne aux Passions de s'emparer des cœurs. L'Imagination descend des cieux, et fait naître l'Amour. Les Mortels reconnoissent les charmes de ce dieu, & se soumettent à son empire. Une erreur agréable est quelquefois plus propre à détruire les vices, que la vérité même. Veut-on corriger les hommes ? Il faut leur plaire.

PREMIERE ENTRÉE.

On se propose ici, de faire voir que les amusemens ne sont des plaisirs que dans l'âge, où l'on ne connoît point encore le sentiment.

SECONDE ENTRÉE.

Le sujet de cette entrée, est tiré du livre XI des Métamorphoses. L'amour D'EUMOLPE pour HERSILIE est de pure invention, et sert à faire rentrer l'action dans le systéme général de tout le ballet.

TROISIÉME ENTRÉE.

Les peuples du nord, que le soleil n'éclaire que

pendant fix mois , étoient autrefois dans l'ufage d'immoler une jeune fille en action de graces, quand le foleil reparoiſſoit. Rien n'étoit plus glorieux que de les rendre humains. Abolir un crime confacré par la fuperſtition , lui fubſtituer une vertu , qui n'étoit point connue ; ce font deux miracles que l'amour du D I E U D U J O U R pour M A R F I S E opere ici.

Acteurs & actrices chantans dans tous les chœurs.

CÔTE' DU ROI.		CÔTE' DE LA REINE.	
Mefdemoifelles	*Meffieurs*	*Mefdemoifelles*	*Meffieurs*
Dun,	St. Martin,	Antier-C. ,	Deferre,
Delorge,	Marcelet,		Gratin,
	Le Page,	Cartou ,	Le Meſle,
Varquin ,	Fel ,		Deshais,
Dalmand-C. ,	Houbault,	Deshaigles ,	Levaſſeur,
	Bourque,		Foreſtier,
Coupée ,	Bornet,	Defgranges ,	Chapotin,
Larcher ,	Gallard ,		Buzeau ,
	Duchênet,		Dupleſſis,
Delaſtre.	Chabourd.	Gondré.	Belot.

PROLOGUE.

PROLOGUE.

PERSONNAGES CHANTANS.

PROMÉTHÉE,   Mr Chaſſé.

STATUES, *que Prométhée anime.*

LES PASSIONS.

L'IMAGINATION,   Mlle Fel.

L'AMOUR,   Mlle Coupée.

PLAISIRS *de la ſuite de* L'AMOUR.

PERSONNAGES DANSANS.

LES PASSIONS.

Meſſieurs Dumay, Dupré, Monſervin, Gherardy;

JEUX, ET PLAISIRS.

Mademoiſelle Le Breton;

Meſſieurs P-Dumoulin, Malter-C. Dangeville,
Levoir;

Meſdemoiſelles Courcelle, St. Germain,
Dazencour, Thiery.

PROLOGUE.

Le théâtre repréſente une campagne
agréable, ornée de ſtatues.

SCENE PREMIERE.

PROMÉTHÉE, STATUES.

PROMÉTHÉE, deſcendant du ciel,
un flambeau allumé à la main.

*E deſcens du ſéjour de l'immortalité,*
J'ai ſoutenu l'éclat de la divinité,
J'ai contemplé ſon eſſence éternelle ;
Et j'en rapporte une étincelle,
Pour animer l'humanité.

Il préſente ſon flambeau aux Statues, qui s'animent
par dégrés, pendant qu'il chante.

Organes, devenez flexibles,
Feu pur, donnez la vie à leurs reſſorts ſecrets,
Hommes, vivez, penſez, ſoyez ſenſibles.
L'effet répond à mes ſouhaits.

PROLOGUE.

CHOEUR DES STATUES devenues Hommes.

Ciel ! D'où nous vient ce nouvel être !
D'où nous vient le pouvoir
De parler, d'entendre & de voir ?
Qui nous fait sentir & connoître ?

On entend un bruit souterrain.

PROME'THE'E.

Quelle sombre vapeur ! O ciel ! Quel bruit affreux !
Le Tartare ouvre ses abîmes !

La terre s'ouvre ; les Passions en sortent.

SCENE II.

LES MÊMES, LES PASSIONS.

CHOEUR DES PASSIONS, à PROME'THE'E.

L'Ordre de Jupiter nous améne en ces lieux,
Nous venons pour venger les cieux.
Tu n'as formé que des victimes.

PROME'THE'E, en montrant les hommes.

Dumoins qu'ils ignorent les crimes,
S'ils doivent être malheureux.

CHOEUR DES PASSIONS.

Tu n'as formé que des victimes.
Nous venons pour venger les cieux.

On danse.

On entend une symphonie agréable.

PROME'THE'E.

Mais, quels sons pleins de charmes,
Viennent suspendre mes allarmes ?

SCENE III.

LES MÊMES, L'IMAGINATION,
sortant d'un nuage.

L'IMAGINATION, aux hommes.

Je viens vous rendre heureux. J'inspire les desirs.
Mortels, chérissez mon yvresse.
Au tour de moi je fais voler sans cesse
Et les erreurs & les plaisirs.

Nourrissez-vous de mes aimables songes ;
Connoissez tout le prix de mes présens divers ;
Adorez, répandez mes utiles mensonges ;
Sous mon empire enchaînez l'univers.

PROMETHE'E, à L'IMAGINATION,
en montrant les hommes.

Aux Enfers en courroux dérobe mon ouvrage.

L'IMAGINATION.

Leur effort sera vain ;
Je saurai désarmer leur rage.
Naissez, Amour. C'est l'ordre du Destin.

L'AMOUR paroît suivi des PLAISIRS.

S C E N E IV.

LES MÊMES, L'AMOUR, LES PLAISIRS, tenant des guirlandes de fleurs.

L'AMOUR, à L'IMAGINATION.

JE suis soumis à ta puissance ;
Le Destin t'a remis mes traits ;
J'augmente ton pouvoir ; je te dois mes attraits :
Régnons tous deux d'intelligence.

L'IMAGINATION, en montrant LES PASSIONS.

De ces monstres affreux arrête les fureurs.

L'A M O U R.

J'obéis, et je céde à ton impatience.

AUX PASSIONS.

Monstres, respectez ma présence.

AUX PLAISIRS, en montrant leurs guirlandes.

Vous, Plaisirs enchanteurs,
Enchaînez-les avec ces fleurs.

CHOEUR DES PASSIONS, pendant que les PLAISIRS les enchaînent avec leurs guirlandes.

Quel tourment ! Quelle violence !

On danse.

PROLOGUE

L'IMAGINATION, à L'AMOUR.

Pour le bien des mortels, pour prévenir leurs maux,
Unissons en ce jour mes attraits & tes armes.
Prens ce bandeau pour cacher les défauts.
Prens ce flambeau pour éclairer les charmes.

L'AMOUR, aux hommes.

Aimez, chérissez mes traits ;
La défaite & la victoire
Partagent mes bienfaits :
Votre bonheur seul fait ma gloire.

CHOEUR DES HOMMES.

Aimons, chérissons ses traits ;
La défaite & la victoire
Partagent ses bienfaits :
Notre bonheur seul fait sa gloire.   On danse.

L'IMAGINATION.

Formez des vœux,
L'Amour régne en ces lieux,
Dans la nature
Tout brule de ses feux,
Il vous assure
Des jours heureux.
On doit le croire,
Tout peint sa gloire,
Charmes, Plaisirs brillent dans ses yeux.

On danse.

Un cœur tendre
Doit se rendre
Quelque jour
Au dieu d'Amour.
Un cœur tendre
Doit se rendre
Au plaisir d'un doux retour.

Se défendre,
C'est attendre
Le moment
Qu'un Amant
Sait nous surprendre.

Un cœur tendre, &c.

Sans prétendre
Nous aprendre
Son ardeur ;
Ses regards, sa langueur
Font bien comprendre,
Qu'un cœur tendre
Doit se rendre
Quelque jour
Au dieu d'Amour.

FIN DU PROLOGUE.

PREMIÉRE

PREMIERE
ENTRÉE.

B

PERSONNAGES

DE LA PREMIERE ENTRE'E.

UNE FE'E,	Mlle Jullye.
ZE'LIDE, *fille de la Fée*,	Mlle Le Maure.
EMIRE, *fils du Génie Elmasis*,	Mr Jelyotte.
CE'PHISE, *chanteuse*,	Mlle Fel.
DORIS, *danseuse*,	Mlle Camargo.
UN GE'NIE *dansant*,	Mr Javillier-L.
GÉNIES.	

PREMIERE ENTRÉE.

Le théatre représente les jardins de la Fée.

SCENE PREMIERE.

LA FÉE, CÉPHISE, DORIS.

LA FÉE.

E Destin doit m'ôter ma fille & ma
 puissance,
Si l'Amour peut triompher de son cœur:
Du même arrêt j'ai subi la rigueur,
Mon pouvoir dépendoit de mon indifé-
 rence.

Du puissant Elmasis je méprisai les feux.
Ce Génie outragé se souvient de l'offense;
 Il peut pénétrer en ces lieux ;
Et je crains que son fils ne serve sa vengeance.

B ij

CE'PHISE.

Faut-il cacher Zélide à la clarté du jour?

LA FE'E.

Non, non. Trop de rigueur difpofe à la tendreffe.
Plus on eft malheureux, plus on a de foibleffe;
Souvent pour qui nous plaint, on a trop de retour.

CE'HISE.

C'eft aux Plaifirs à garder une belle.
Il faut qu'en volant autour d'elle,
Ils parent les traits de l'Amour.

LA FE'E.

Loin d'ici le Deftin m'apelle,
Cachez ma fille au pouvoir d'un vainqueur;
De vos talens préfentez-lui les charmes;
Que les Plaifirs vous fourniffent des armes.
Amufez fon efprit pour garantir fon cœur.

Elle fort.

SCENE II.

CE'PHISE, apercevant ZE'LIDE à DORIS.

Elle vient... Cachons-nous dans ce bois solitaire.
De sa langueur pénétrons le mystére.

SCENE III.

ZE'LIDE.

L'Objet, qui régne dans mon ame,
Vient animer ce beau séjour.
Rossignols, chantez mon amour,
Que tout parle ici de ma flamme.

Que tout conspire à le charmer,
Mon cœur le voit déja paroître,
Tendre Amour, quand tu le fis naître,
Tu voulus me forcer d'aimer.

L'objet, qui regne dans mon ame,
Vient animer ce beau séjour.
Rossignols, chantez mon amour,
Que tout parle ici de ma flamme.

SCENE IV.

ZE'LIDE, CE'PHISE, DORIS.

CE'PHISE, à DORIS.

*E*Ssayons de calmer son esprit agité.

à ZE'LIDE.

Recevez les Plaisirs dans ces douces retraites,
Ils fixent leurs pas où vous étes.
Dans ce séjour, par vous seule enchanté,
Un charme secret les attire ;
Ils volent tous vers la Beauté,
Dont ils reçoivent leur empire.

ZE'LIDE.

Viennent-ils ramener le calme dans mes sens ?
Autrefois dans cet asile
Je goûtois un sort tranquile.
Tout redouble en ce jour le trouble que je sens.

DORIS danse.

CE'PHISE.

Voyez cette Nymphe légére ;
Que ses pas variés soient des leçons pour vous ;
C'est de l'indépendance une image sincére.
Vous la conserverez, en vivant avec nous.

DORIS continue à danser.

ZE'LIDE.

J'ai perdu ce repos si doux.
Sans doute du Destin c'est un arrêt suprême ;
Et je sens que mon cœur se dérobe à moi-même.
De la paix, qu'il goutoit, l'Amour étoit jaloux.

DORIS continue à danser.

CE'PHISE.

L'Amour, ce dieu si doux, quand sa voix nous en-
traîne,
Languit, s'éteint par ses bien-faits.
Chassons loin de nos cœurs ses plaintes, ses regrets ;
Et sans nous prêter à sa chaîne,
Rions, en le voyant envain lancer ses traits.

ZE'LIDE.

Non, non. Votre espérance est vaine ;
Votre secours ne peut adoucir ma langueur,
Vous offrez le plaisir sans donner le bonheur.

SCENE V.

LES MÊMES,

CHOEUR de GE'NIES, derriere le théâtre.

LE CHOEUR.

Z'Elide, l'Amour vous apelle ;
Par vos attraits il triomphe en ce jour ;
Quand vous cesserez d'être belle,
Les Dieux affoibliront la gloire de l'Amour.

CE'PHISE.

Qui peut former ces chants ?

ZE'LIDE.

Ah ! Quel bonheur extrême!
Tout m'annonce l'objet que j'aime.

SCENE VI.

LES MÊMES, EMIRE, GENIES.

EMIRE.

DE l'Amant le plus tendre, aprouvez les transports.

CE'PHISE.

C'est le fils d'Elmasis !

ZE'LIDE.

Oui, c'est l'aimable Emire.

CE'PHISE, à DORIS.

Pour le distraire, employons nos efforts.   DORIS danse.

EMIRE.

Non. N'esperez pas me séduire ;

Voilà

Voilà l'unique objet dont mon cœur est épris.

ZE'LIDE.

Il fixe mes regards. Il charme mes esprits...

à DORIS.

Eh quoi ! Vous l'arrêtez ! DORIS continue sa danse.

EMIRE.

Zélide... Quel spectacle !
L'Amour trouve en ces lieux l'agrément pour obstacle.

ZE'LIDE, vivement.

Cruelles, vous voulez le rendre malheureux !
Mais sa voix dans mon cœur lance des traits de
flamme.

Il est fait pour charmer mon ame.
Vous ne pouvez charmer mes yeux.

EMIRE.

Vous, dont les pas voluptueux,
En exprimant l'Amour, lui fournissent des armes,
Volez dans ces beaux lieux.
De cet enchantement venez rompre les charmes.

SCENE VII.

LES MÊMES, UN GENIE dansant.

ZE'LIDE, ET EMIRE.

Tendre Amour, remplis nos vœux.
Régne en nos ames.
Amour, quels plaisirs causent tes feux !
Régne en nos ames,
Tes flammes
Font les heureux.

C

Les Plaisirs & les Jeux
Sans toi peuvent-ils plaire?
Non, non. Tu voles avec eux.
C'est ton flambeau qui les éclaire,
Tendre Amour, &c.

LE GENIE dansant reparoît et enchante CEPHISE.

C E' P H I S E.

Quel charme, quel pouvoir m'enchante, m'attendrit!
Dieu d'amour, sur ses pas tu badines, tu voles.
Quitterois-je Zélide? Oui, mon cœur me trahit.
Ah, Doris! Nos talens sont des secours frivoles.
Leur hommage en ce jour,
Est un tribut que reclame l'Amour.

Elle sort avec DORIS.

E M I R E, à ZE'LIDE.

Venez partager ma puissance.

Z E' L I D E.

L'Amour vous a livré mon cœur.

E M I R E.

Esprits soumis à mon obéissance,
Transportez-nous dans le sein du bonheur.

LES GENIES les enlévent.

LE CHOEUR.

Zélide, l'Amour vous appelle,
Par vos atraits il triomphe en ce jour:
Quand vous cesserez d'être belle,
Les Dieux affoibliront la gloire de l'Amour.

FIN DE LA PREMIERE ENTRE'E.

SECONDE ENTRÉE.

PERSONNAGES CHANTANS
DE LA SECONDE ENTRE'E.

MIDAS, ROI *de Phrigie*, M^r Le Page.

HERSILIE, *fille du* R O I, Mlle Jullye.

EUMOLPE, *grand sacrificateur*
de Bacchus, Mr Chaffé.

BACCHANTES, *et* PRÊTRES *de Bacchus.*
PHRIGIENS.
Troupe d'habitans DU PACTOLE.

PERSONNAGES DANSANS.

PHRIGIENS, *PHRIGIENNES*;
Monfieur Dupré;
Meffieurs Dumay, Monfervin, Dupré, Gherardy,
P-Dumoulin, Malter-C.
Mefdemoifelles Carville, Rabon, Fremicourt,
St Germain, Thiery, Courcelle.

TROUPE D'HABITANS DU PACTOLE,
et Bacchantes.

Mademoifelle Dallemand-L;
Meffieurs F-Dumoulin, Hamoche, Levoir,
Lafeuillade
Mefdemoifelles Dazencour, Minot, St Huray,
Dary.

SECONDE ENTRÉE.

Le théâtre repréfente d'un côté, le temple
de BACCHUS; de l'autre, des rochers,
et des arbres. Le Pactole coule dans le fonds.

SCENE PREMIERE.

HERSILIE, EUMOLPE.

EUMOLPE.

DAns ce jour, où la joie & la reconnoiffance
Célèbrent à l'envi Bacchus & fa puiffance;
Princeffe , à quels chagrins pouvez - vous
         vous livrer?
Découvrez-moi ce funefte myftere.

HERSILIE.

Puiffiez-vous toujours l'ignorer;

EU MOLPE.

O ciel ! A quel malheur dois-je me préparer ?

HERSILIE.

Je voudrois envain vous le taire.
Mon pere vient de déclarer...

EUMOLPE.

Romproit-il notre himen ? Brave-t'il ma colere ?

HERSILIE.

Puis-je réfifter à fes loix ?
Il faut me foumettre à fon choix.
Devoir facré, funefte obéiffance,
Que vous coutez cher à mon cœur !
Helas ! Si c'eft une faveur
Que de nous donner la naiffance,
On doit plus à celui qui fait notre bonheur.

EUMOLPE.

Dans ces lieux pleins de ma puiffance
Le roi connoîtra ma grandeur.

Si de nos feux il trahit l'efpérance ;
S'il détruit fes premiers projets ;
J'arme contre lui la vengeance
Du Dieu, dont le feul nom fait trembler fes fujets.

HERSILIE.

Bacchus aprouve-t'il le feu qui vous anime ?
Peut-être qu'à fes yeux votre amour eft un crime.

EUMOLPE.

Mon excufe eft dans vos attraits.

Bacchus protége la tendreſſe,
Que fait naître un objet charmant :
Quand c'eſt par vos yeux qu'il nous bleſſe,
L'amour devient un ſentiment,
Et n'eſt jamais une foibleſſe.

Si vous répondez à mes vœux,
Le Deſtin ceſſera de nous faire la guerre.
L'ambition fait les rois ſur la terre.
L'amour fait plus, il y fait les heureux.

On entend un bruit de trompettes.

Mais, on vient ; et le ſon des trompettes bruyantes
Dans ces lieux conduit nos Bacchantes.

✻✻

SCENE II.

LES MÊMES,

BACCHANTES, ET PRÊTRES de BACCHUS.

CHŒUR DES PRÊTRES DE BACCHUS.

Divin Bacchus, nos fureurs,
Nos tranſports & notre yvreſſe,
Font le calme de nos cœurs.

CHŒUR DE BACCHANTES.

Du Dieu d'amour la voix enchantereſſe

Nous offre envain des fleurs.
Les foupirs & les pleurs
Suivent les pas de la tendreffe,
Nous préférons nos ardeurs.

CHOEUR DES PRÊTRES DE BACCHUS.

Divin Bacchus, nos fureurs,
Nos tranfports & notre yvreffe,
Font le calme de nos cœurs.

EUMOLPE.

De la Raifon nous fuyons la lumiere,
Elle n'éclaire
Que nos malheurs;
Sa voix févére
Détruit le plaifir des erreurs,
Sans garantir nos fens de leurs traits féducteurs.

CHOEUR DES PRÊTRES DE BACCHUS.

Divin Bacchus, nos fureurs,
Nos tranfports & notre yvreffe
Font le calme de nos cœurs.

EUMOLPE.

Echauffe nos efprits, anime-nous fans ceffe.

On danfe.

CHOEUR DES PRÊTRES DE BACCHUS.
Divin Bacchus, &c.

SCENE III.

SCENE III.

LES MÊMES, LE ROI.

LE ROI.

DE nos hameaux les heureux habitans
Dans mon palais ont raporté Silene
Chancelant sous le poids de l'yvresse & des ans:
Ministres de Bacchus, n'en soyez plus en peine.

HERSILIE & les chœurs sortent.

EUMOLPE, au ROI.

Toi, qui trahis tes sermens & mes feux,
Viens-tu d'un Dieu, braver la haine?

LE ROI.

La gloire de l'état met obstacle à tes vœux;
Et pour le roi de Thrace il faut briser ta chaîne.

EUMOLPE.

Le Dieu punira tes refus.
Je soutiendrai mes droits. Je brave ta puissance.
De la soif des trésors tu sentiras l'abus;
Ne souille plus ces lieux par ta présence,
Tu formeras des vœux, que je n'offrirai plus.
Je connois de ton cœur l'aveuglement extrême.

LE ROI.

Le Dieu m'a tout promis; j'en attens les effets.

EUMOLPE.

Crains que tes vœux ne soient trop satisfaits.
Pour me venger, je ne veux que toi-même. Il sort.

D

SCENE IV.

LE ROI.

JE vois ton courroux sans effroi,
Les bienfaits de Bacchus dépendent-ils de toi?

Arbres épais de ce bocage,
Eprouvez à l'instant mon pouvoir souverain ;
Qu'il change en or votre feuillage.

Quel spectacle pompeux ! Tout m'obéit soudain.

Portes, que couvre un vil airain,
La nature vous fit outrage,
Les cieux vous vengent par ma main.

Colonnes, et vous, murs, qu'admire l'œil humain ;
De rochers entassés triste & vain assemblage,
Que l'or naisse de votre sein.

Rendons tous les objets dignes de mon hommage,
Rendons tous les mortels jaloux de mon destin.

Il sort.

CHOEUR, derriere le théâtre.

O défirs imprudens ! O fatales richesses !

SCENE V.

HERSILIE, CHOEUR.

HERSILIE.

Quel spectacle a frapé mes yeux !
Suspens, grand Dieu, tes fureurs vengeresses.

CHOEUR.

O désirs imprudens ! O fatales richesses !

HERSILIE.

Mon pere... Ah ! J'en frémis. Quel châtiment !
O cieux !

 Il répand la mort en tous lieux.
 Chaque mortel, qu'il touche,
 Par son funeste don est soudain transformé ;
 Et n'offre à son regard farouche
 Qu'un monceau d'or inanimé.

CHOEUR.

Suspens, grand Dieu, tes fureurs vengeresses.
O désirs imprudens ! O fatales richesses !

D ij

SCENE VI.

LE ROI, HERSILIE.

LE ROI.

Ciel ! Je séme par-tout & la mort & l'effroi.
Tout me craint, tout me fuit ; et l'éclat que je voi
   Est un monument de mon crime.

à HERSILIE.

Toi-même, évite-moi ; crains d'être ma victime.

SCENE VII.

LES MÊMES,

EUMOLPE, et sa suite sortant du temple.

EUMOLPE.

Je devrois m'applaudir de te voir malheureux ;
Si je te plains encor, rens-en grace à mes feux.
J'ai consulté du Dieu la vérité suprême ;
   Je suis maître de ton destin ;
Mais je ne sens le prix de ce pouvoir divin,
Que pour te délivrer, et te rendre à toi-même.

LE ROI.

Ah ! Par tant de vertus vous éclairez mon cœur,
Je rougis à vos yeux d'une erreur méprisable,
Vous me faites sentir combien j'étois coupable.
Qu'Hersilie en ce jour fasse votre bonheur.

EUMOLPE.

Allez toucher les ondes du Pactole,
Elles coulent dans ces beaux lieux.
Plongez-y ce désir condamnable & frivole ;
Ne cherchez les vrais biens qu'en adorant les Dieux.

LE ROI touche les eaux du Pactole,
et sur le champ elles roulent du sable d'or.

EUMOLPE.

Fleuve, à jamais devenez mémorable ;
Roulez vos sables d'or au bout de l'univers.
Que les cœurs corrompus vous trouvent respectable.
Nous jouissons d'un destin plus aimable ;
Le tendre Amour nous fait porter ses fers.

LE ROI, aux peuples.

Des bienfaits de Bacchus conservez la mémoire.
Je lui dois mon bonheur, l'Amour lui doit sa gloire.

CHOEUR.

Triomphez, Dieux puissans : unissez vos autels,
Rassemblez à jamais tous les vœux des mortels.

On danse.

EUMOLPE.

Bacchus, sois-nous toujours favorable ;
Reçois nos tendres vœux :
Tout nous rit, quand tu le veux,
Sous tes loix tout est heureux,
Rens ce bonheur durable.

Sur toi tout se fonde.
Par toi tout abonde.
Sur nos côteaux
La treille est riante & féconde ;
Mais le ciel gronde.
Par des soins nouveaux,
Préviens nos maux ;
Fais voir ta puissance,
Tu dois la naissance
Au plus grand des Dieux ;
Quitte les cieux,
Commande à l'orage
De calmer sa rage :
Qu'il vole en d'autres lieux.

CHOEUR.

Triomphez, Dieux puissans ; unissez vos autels ;
Rassemblez à jamais tous les vœux des mortels.

FIN DE LA SECONDE ENTRÉE.

TROISIÉME
ENTRÉE.

PERSONNAGES CHANTANS

DE LA TROISIE'ME ENTRE'E.

LE DIEU DU JOUR, *sous la forme du sacrificateur des Sauvages,*   Mr Jelyotte.

LE ROI *des Sauvages,*   M^r. Albert.

MARFISE, *fille du Roi,*   Mlle Le Maure.

UN SAUVAGE,   Mr Person.

SAUVAGES.

PERSONNAGES DANSANS.

SAUVAGES.

Monsieur Lany;

Messieurs F. Dumoulin, Hamoche, Lafeuillade.

Levoir; Malter-L.

Mademoiselle Carville;

Mesdemoiselles Thiery, S^t. Germain, S^t. Huray,

Courcelle, Minot.

TROISI'EME

TROISIÉME ENTRÉE.

Le théâtre repréſente un lieu ſauvage.
On voit un autel au milieu.

SCENE PREMIERE.

LE DIEU DU JOUR, ſous la forme du SACRIFICATEUR. UN SAUVAGE.

LE DIEU DU JOUR.

S E peut-il qu'en ces lieux la piété barbare
Pour ſacrifice, offre un ſang précieux !
Tu vois cet autel qu'on prépare ;
La fille de ton roi, cette beauté ſi rare,
Marſiſe y doit tomber ſous un fer odieux.

LE SAUVAGE.

Pouvez-vous condamner un ſi grand ſacrifice ?
Ignorez-vous, miniſtre de nos dieux,
Que notre zéle ainſi marque l'inſtant propice
Où le Soleil reparoît en ces lieux.

LE DIEU DU JOUR.

Reviens de ta surprise.
Je suis le Dieu du jour ; et j'adore Marfise.

LE SAUVAGE.

Qu'entens-je. Justes cieux !
Quoi ! C'est vous qu'on adore en ce vaste hémisphere!

LE DIEU DU JOUR.

Oui ; c'est moi, qu'on offense, en cherchant à me plaire.
Il est temps qu'en ces lieux je montre ma grandeur,
Garde-toi d'annoncer la flamme qui m'anime,
J'ai pris les traits du Sacrificateur.
On vient... Ah ! C'est mon cœur qui sera la victime.

***

SCENE II.

LES MÊMES,

LE ROI, MARFISE couronnée de fleurs,
et soutenue sur deux Sauvages,

SAUVAGES.

MARCHE DU SACRIFICE.

CHOEUR.

Dieu, reçois notre encens.

LE ROI.

Entens nos cris & nos accens.

BALLET.

CHOEUR.

Répans sur nous tes feux.
Brille à nos yeux.
Prens la victime,
Nous te l'offrons.

LE ROI.

Nous t'implorons,
Nous gémissons.

CHOEUR.

Que l'éclat de tes rayons
Nous ranime.

MARFISE.

Je vois le fer mortel.

LE DIEU DU JOUR.

Quels accens !

MARFISE.

Je succombe.

LE ROI, ET LE CHOEUR.

Entens nos cris.

LE ROI.

Que sur l'autel
Marfise tombe !

CHŒUR.

Frapez.

MARFISE.

Helas !

LE DIEU DU JOUR.

Peuple cruel !

MARFISE.

Je meurs.

CHŒUR, ET LE ROI.

Reçois son sang au bruit de nos clameurs.

MARFISE.

Soleil, je vais mourir,

LE DIEU DU JOUR.

Non, non. Je vais te secourir.

CHŒUR, ET LE ROI.

Malgré l'éclat du rang,
Marfise expire.
Que son sang
Sauve l'empire !

LE ROI, au SACRIFICATEUR.

Prenez ce fer. Immolez la victime.

LE DIEU DU JOUR.

Allez cacher vos soupirs & vos pleurs.
Le Dieu vous l'ordonne. Il m'anime.

Ils sortent.

SCENE III.

LE DIEU DU JOUR, MARFISE.

MARFISE.

Tous mes sens sont glacés. Justes ciel! Je me meurs!

Elle tombe évanouie.

LE DIEU DU JOUR.

Que vois-je? O mortelles douleurs!

Marfise, reprenez la vie,

Marfise, revenez à vous.

Ouvrez ces yeux si tendres & si doux,

Ces yeux, par qui mon ame à la votre est unie.

Marfise, reprenez la vie,

Marfise, revenez à vous.

MARFISE.

Quel spectacle frape ma vue!

Vous devez m'immoler, et vous tremblez d'effroi!

Vous pleurez à mes pieds! Que mon ame est émue!

Ah! Quelle est la victime, ou de vous ou de moi?

LE DIEU DU JOUR.

Je viens vous arracher à ce peuple sauvage.

MARFISE.

O ciel! Redoutez son couroux.

LE DIEU DU JOUR.

Je veux vous dérober à l'horreur de ses coups.

MARFISE.

Le Dieu que nous servons, veut du sang pour hommage.

LE DIEU DU JOUR.

Non, non. C'est une erreur. Non, non. Le Dieu du jour
Pour tout encens, ne veut que de l'amour.

MARFISE.

De l'amour ! Quel est ce langage ?
C'est un nom, que sur ce rivage
Je n'ai jamais entendu prononcer.

LE DIEU DU JOUR.

C'est le plus grand des Dieux; et tout lui rend hommage.
Qui vous voit, le connoît... Craignez de l'offenser

MARFISE.

Sans le vouloir, mon cœur seroit coupable,
A l'adorer je me sens du penchant.
Vous en parlez d'un ton si tendre & si touchant,
Que je le crois des Dieux le plus aimable.

LE DIEU DU JOUR.

Je voudrois que l'Amour vous inspirât ses feux;
Que ce trouble nouveau fut l'effet de sa flamme;
Et qu'il fit passer dans votre ame
Le feu qui brille dans vos yeux.

MARFISE.

A quels traits connoît-on que ce Dieu nous éclaire?

BALLET.

LE DIEU DU JOUR.

L'Amour fait naître une douce langueur.
Sans savoir que l'on aime, on s'efforce de plaire.
On gémit loin de son vainqueur.
On voudroit l'en instruire, et l'on cherche à se taire.
On partage avec lui la douleur d'un refus.
Vous fuyez, vous craignez qu'il ne vous suive plus.

MARFISE.

Helas !

LE DIEU DU JOUR.

Un cœur soumis à l'amoureux empire,
Connoît l'Amour aux craintes, aux désirs,
Aux mouvemens secrets, au trouble qu'il inspire ;
Et ce trouble charmant le conduit aux plaisirs.

MARFISE.

Ah ! Je n'en doute plus. C'est ce dieu qui m'anime.
Je me livre à tes coups ; Amour, voilà mon cœur.
Non, non. Je ne veux pas t'enlever ta victime.
Dans mes sens enchantés tu répans le bonheur ;
Et c'est mon transport, qui l'exprime.
Amour, voilà mon cœur ; je me livre à tes coups.

LE DIEU DU JOUR.

Quelque charmant qu'amour puisse être,
Le mystere le rend plus doux.

MARFISE.

Quels soupçons me faites-vous naître ?

Et que mon cœur eſt combattu!
Si l'amour eſt un bien, il doit oſer paroître.
Mais, s'il n'eſt pas une vertu,
Pourquoi me l'avoir fait connoître?

LE DIEU DU JOUR.

Raſſurez-votre eſprit, trop promt à s'allarmer:
S'il étoit défendu de ſe laiſſer charmer,
Devriez-vous poſſéder l'art de plaire.
Ah! Si j'étois le Dieu de la lumiere,
Je n'en voudrois jouir que pour vous mieux aimer.

MARFISE.

Je craindrois de vous voir avec le rang ſuprême.
Peut-être votre cœur ne ſeroit plus le même.

LE DIEU DU JOUR.

Pourrois-je me priver de l'eſpoir d'être heureux?
De l'univers entier une Belle eſt maîtreſſe.
On forma la beauté pour l'ornement des cieux;
Et la nature y joignit la tendreſſe,
Pour faire le bonheur des Dieux.

MARFISE.

N'offrez point le bonheur à mon ame attendrie.
Quelle image à mes yeux venez-vous préſenter?
Je ne regrettois que la vie,
Me falloit-il encor l'horreur de vous quitter?
Vous même de ce peuple évitez la furie.
Fuyez.... Echapez à ſes traits.
Mais on vient... Ah, Seigneur! Je vous pers pour
jamais.

SC. IV.

SCENE IV.

LE DIEU DU JOUR, MARFISE, LE ROI, SAUVAGES.

LE DIEU DU JOUR.

PEuple, le Soleil veut une offrande plus pure.
Votre hommage répand & l'horreur & l'effroi.
Il offense & détruit les loix de la nature.

CHOEUR, ET LE ROI.

Que nous demande-t'il ? Et nous suivrons sa loi.

LE DIEU DU JOUR.

Que l'hymen m'unisse à Marfise.

CHOEUR, ET LE ROI.

Quelle audace ! Quelle entreprise !
Vengeons-nous, vengeons-nous sur ce traître.

MARFISE.

Arrêtez.

LE DIEU DU JOUR.

A ses decrets vous résistez !
Soleil, n'éclaire plus les crimes de ce monde ;
Va porter ta lumiere en des climats plus purs.
Ces peuples malheureux, si cruels & si durs,
Doivent languir dans une nuit profonde.

L'autel s'abîme, le théâtre s'obscurcit.

CHOEUR, ET LE ROI.

Quelle vengeance ! Quelle horreur !
Le soleil cache sa lumiere.
Dieu puiffant, vois nos pleurs. Rentre dans la car-
riere.

LE ROI.

Difpofe de Marfife. Apaife ta fureur.

LE DIEU DU JOUR.

C'eft moi qui fuis ce dieu fuprême,
Vous m'accordez Marfife. O nuit, difparoiffez.
Je l'ordonne ; obéiffez.

Le Jour revient, le théâtre s'embellit.

à MARFISE.

Aux yeux de l'univers je dis que je vous aime ;
Vous effacez l'Aurore même,
L'éclat dont vous brillez, eft plus pur & plus beau.
Les cieux doivent tout à ma flamme,
Mais l'Amour feul fait embrafer mon ame ;
Et le feu de vos yeux allume fon flambeau.

CHOEUR, ET LE ROI.

Le Dieu qu'en ce monde on révere !
Le foleil defcend parmi nous !
Rentrons dans le refpect ; tombons à fes genoux.

LE DIEU DU JOUR, au peuple.

Mortels, que ma préfence éclaire,
Célébrez des nœuds fi parfaits,
Vous devez chérir ma lumiere,
Elle fait briller tant d'attraits.

On danfe.

BALLET.
CHŒUR.

Régnez seul dans nos forêts,
Clair flambeau du monde ;
Non, sans vous, il n'est point d'attraits.
Qu'à nos yeux vos doux bienfaits
Brillent à jamais.
Régnez seule en nos forêts,
Source en biens féconde.

LE DIEU DU JOUR.

N'irritez plus les dieux,
Calmez vos cœurs sauvages :
Des aquilons furieux
N'imitez plus les ravages.

Des oiseaux amoureux
Mes chants imitent les ramages.
Brulez des mêmes feux,
Par la voix de l'Amour offrez-moi vos hommages.

On danse.

MARFISE, alternativement avec le Chœur.
Les craintes, les pleurs
Sont des faveurs,
Qu'Amour dispense ;
Tout est récompense
Pour les tendres cœurs.

Les craintes, les pleurs
Sont pour les cœurs
Un bien suprême,
Quand l'objet qu'on aime,
Finit nos malheurs.

Le cœur de mon amant sent tout ce qu'il m'inspire ;
Son amour me rend la clarté.
Quel plaisir ! Quelle volupté !
C'est par lui seul que je respire.

Les craintes, les pleurs, &c.

Momens chers à mon ame,
Momens délicieux,
Pour moi, le plus brillant des Dieux
Vous fait naître de sa flamme.

On danse.　　*Les craintes, les pleurs, &c.*

CHOEUR.

Régnez seul dans nos forêts,
Clair flambeau du monde ;
Non, sans vous, il n'est point d'attraits.
Qu'à nos yeux vos doux bienfaits
Brillent à jamais.
Régnez seule en nos forêts,
Source en biens féconde.

FIN.

APROBATION.

J'Ai lû par ordre de monseigneur le Chancelier, un Ballet, intitulé *Le Pouvoir de l'Amour*, A Paris, ce 16 avril 1743.　　DE MONCRIF.

*Le Privilege du Roy, est à la fin de l'Opera d'*HESIONE.